MÉMOIRES HISTORIQUES

SUR SON

ALTESSE ROYALE MONSEIGNEUR LE DUC

DE BERRI.

DE L'IMPRIMERIE D'ANTH^e. BOUCHER, SUCCESS. DE L. G. MICHAUD,
Rue des Bons-Enfants, N°. 34.

MÉMOIRES HISTORIQUES

SUR SON

ALTESSE ROYALE MONSEIGNEUR LE DUC

DE BERRI.

Par Madame De SARTORY.

A PARIS,

CHEZ ROZA, LIBRAIRE, GRANDE COUR DU PALAIS ROYAL.

M. DCCC. XX.

MÉMOIRES HISTORIQUES

SUR SON

ALTESSE ROYALE MONSEIGNEUR LE DUC

DE BERRI.

Avant de payer un juste tribut de douleur à
la mémoire de Mgr. le duc de Berri, jetons un
coup-d'œil rapide sur l'histoire de son illustre
maison.

Un héros, Robert-le-Fort, dont la haute ori-
gine se perd dans la nuit des temps, fut la tige
de cette longue suite de rois de France de la troi-
sième dynastie, qui depuis près de neuf cents ans
portent la première et la plus noble couronne de
l'univers.

Antiquité inouïe, illustration éclatante, grandes actions, conquêtes mémorables, établisse-
ments sages et magnifiques, tout concourt à éta-
blir la grandeur et la prééminence de cette race
auguste.

Mais ce n'est pas seulement à la France que la
dynastie de Robert-le-Fort a donné des rois, elle
a encore rempli les premiers trônes de l'Europe.
On compte parmi ses descendants trente-huit

rois de France, vingt-trois rois de Portugal, treize rois de Sicile, onze rois de Navarre, cinq rois d'Espagne, quatre rois d'Hongrie, deux rois de Pologne, sept ou huit empereurs de Constantinople, et plus de cent ducs de Bourgogne, de Bretagne, d'Anjou, de Lorraine, de Bourbon, de Brabant, qui ne le cédaient en puissance et en éclat qu'aux têtes couronnées.

De là, cette vénération profonde de tous les peuples pour la dynastie de nos rois : « La couronne de France, écrivait le pape Grégoire le Grand à un petit-fils du conquérant des Gaules, est autant au-dessus des autres couronnes du monde que la dignité royale surpasse les fortunes particulières. »

« Le roi de France, s'écrie Mathieu, célèbre historien anglais, est le plus digne et le plus noble de tous les rois ; il est regardé comme le roi des rois. » Autrefois, lorsqu'on citait en Europe le nom de roi, sans ajouter de quelle nation, on entendait toujours le roi de France ; c'était le grand roi, le roi par excellence. Charles-Quint, ce monarque si puissant et si éclairé, issu lui-même de tant d'empereurs, comptait parmi ses titres les plus augustes, l'honneur d'être descendu de la première maison de l'univers, par Marie de Bourgogne, son aïeule : « Je tiens, disait-il, à beaucoup » d'honneur d'être sorti du côté maternel de ce

» fleuron qui porte et soutient la plus célèbre
» couronne du monde. »

Mais de toutes les branches de cet arbre fé-
cond, nulle n'a été plus fertile en héros et en
grands rois que celle des Bourbons.

A la gloire d'avoir agrandi d'un tiers la monarchie française, les Bourbons en ont ajouté
une autre plus solide, celle de l'avoir embellie,
policée, éclairée. La France leur doit ses plus
belles, ses plus sages institutions, sa capitale,
ses grandes villes, ses manufactures, ses arse-
naux, ses ports, ses forteresses, ses canaux, ses
grands chemins, ses palais, ses académies; c'est
sous leurs auspices que les sciences, les arts, la
littérature, ont acquis un si haut point de per-
fection, que la France est devenue le foyer des
plaisirs et de la civilisation de l'Europe; c'est
sous la protection d'un des plus grands rois de
cette auguste race, qu'a fleuri la société de Port-
Royal, source à jamais célèbre de la saine littérature, école du goût et des véritables sciences,
qui donna Pascal à la prose et Racine à la
poésie.

En travaillant à la félicité de leurs sujets, les
Bourbons sont devenus en même temps les bien-
faiteurs du genre humain; la France a servi
d'exemple aux nations voisines; son influence
s'est étendue sur les mœurs, sur le bonheur,

sur les jouissances des peuples lés plus éloignés.

Avant que les lois fondamentales de l'État eussent appelé les Bourbons à la couronne, dix princes de ce nom avaient, sur le champ de bataille, versé leur sang pour la patrie. Chefs habiles, soldats intrépides, le courage des princes de la maison de Bourbon était passé en proverbe ainsi que leur bonté ; ces vertus si dignes des maîtres de la France, ont monté sur le trône avec Henri IV, et ont été le partage de sa postérité.

Parmi tous ces princes, dignes enfants de St. Louis, l'histoire distingue particulièrement Louis I, duc de Bourbon, surnommé *le Grand* ; Pierre I, duc de Bourbon, tué à la bataille de Poitiers ; Jacques de Bourbon, comte de la Marche, connétable de France, tué à la bataille de Briguais. Jean II, duc de Bourbon, connétable de France, surnommé le *fléau des Anglais*, et François de Bourbon, comte d'Enghien, le vainqueur de Cerisolle. L'antiquité n'offre point de plus grand capitaine que le connétable de Bourbon, tué devant Rome, Henri IV et le grand Condé. Et c'est un prince issu d'un sang si fertile en héros, un prince qui marchait si heureusement sur leurs traces, un prince, l'ornement, la gloire, l'espérance de la patrie, qu'un infâme et

féroce assassin vient de précipiter au tombeau!
Ah! si du moins celui que nous pleurons avait
connu tout l'amour qu'on avait pour lui, s'il
pouvait entendre les regrets, les gémissements
des Français !........ s'il pouvait voir couler leurs
larmes ! Mais la mort a fermé son oreille, et ses
yeux ne s'ouvriront plus.

Charles-Ferdinand, duc de Berri, second fils
de Son Altesse Royale MONSIEUR, comte d'Artois, naquit à Versailles le 24 janvier 1778.

On remarqua de bonne heure en lui un déve-
loppement précoce d'esprit et de force physique.
La physionomie agréable, l'air ouvert du jeune
prince, faisaient présager un heureux caractère,
et à peine sorti de sa première enfance, ce pré-
sage devint une certitude. Ses défauts ne pou-
vaient inspirer aucune inquiétude ; ils ne pre-
naient leur source que dans une vivacité extrême
qui dégénérait souvent en colère. Mais ses emportements, quoique fréquents, étaient toujours
suivis d'un repentir prompt et sincère : il cher-
chait à faire oublier ses torts par les caresses les
plus aimables.

Malgré cette extrême pétulance et un goût dé-
cidé pour les exercices violents et les jeux militaires, le duc de Berri n'avait aucun éloignement
pour les études où il faut du calme et de l'ap-
plication. Un esprit pénétrant, une sagacité ad-

mirable, lui rendaient le travail facile, et il saisissait avec une promptitude étonnante les leçons
de ses maîtres. A dix ans il commençait déjà à se
montrer sensible aux charmes des beaux-arts,
surtout à la beauté des chefs-d'œuvre de la pein-
ture ; et lui-même dessinait avec un talent re-
marquable.

Un instinct secret pour juger sainement des
choses, l'a toujours préservé d'un vain orgueil ;
et élevé si près du trône, il n'était fier de son
rang que parce qu'il lui donnait la puissance de
faire du bien ; car aussitôt que sa raison fut
assez formée pour comprendre qu'il peut exister
des indigents, son jeune cœur s'ouvrit à la plus
tendre pitié, et le noble enfant donnait tout ce
qu'il possédait aux pauvres.

On éprouve le désir de s'arrêter long-temps à
parler des qualités et des vertus de ce jeune
prince, pour n'être pas obligé de parler sitôt de
ses malheurs.

Le ciel avait accordé au duc de Berri une
naissance royale, un esprit vif et actif, un cœur
sensible et généreux, et une ame qui saisissait
avec ardeur les pensées les plus grandes, les plus
nobles. Assurément on chercherait en vain, on
imaginerait inutilement plus de garanties pour le
bonheur ; et celui qui a réuni d'une manière si
parfaite les dons de la fortune et de la nature,

devait jouir d'une félicité accomplie et sans in-
terruption.... C'est ainsi que raisonne la vanité
humaine, mais non la sagesse divine, qui ne
veut point qu'un mortel, quel qu'il soit, puisse
vaincre la violence de sa destinée.

Le jeune duc de Berri croissait au milieu des
grandeurs, des plaisirs, et des songes brillants
de l'espérance, lorsque les premiers troubles
éclatèrent en France. Il accompagna son auguste père à Turin en 1789, et reprit dans cette
ville le cours de ses études sous la direction de
M. le duc de Serrent, son gouverneur; mais
elles furent de nouveau interrompues au mois
de juillet 1792. Quoiqu'à peine âgé de treize
ans, le jeune Prince sollicita et obtint de Monseigneur le comte d'Artois la permission d'aller le
joindre en Champagne, et de faire sa première
campagne sous ses ordres. On connaît le ré-
sultat de cette entreprise infructueuse pour la
cause royale. Après ce mauvais succès, le Duc
retourna à Turin, affligé sans être découragé. La
fortune peut manquer à un Bourbon, mais non
la fermeté et le courage.

Lorsque la Convention eut mis le comble à
ses crimes, en faisant tomber sur un échafaud la
tête du vertueux Louis XVI, le Duc pénétré de
douleur d'avoir à pleurer à-la-fois la perte de son
Roi et le crime de sa patrie, résolut d'aller

joindre le prince de Condé, devenu alors le chef de la noblesse ralliée sous les fleurs-de-lis. Le 4 mai 1794, ce prince fit lire à l'ordre une lettre de Monseigneur le comte d'Artois, qui annonçait l'arrivée prochaine du duc de Berri, son second fils, parti quelques jours auparavant pour Schwetzingen, où se trouvait le quartier-général de son oncle, le duc Albert de Saxe, général en chef de l'armée autrichienne.

Le duc de Berri ne s'arrêta que peu d'heures auprès de son oncle, et se rendit de suite à Carlsruhe, escorté par un détachement de gentilshommes que le prince de Condé avait envoyés au-devant de lui. Lorsque le Duc vit son illustre cousin, qui était venu le recevoir au bas de l'escalier, il se jeta dans ses bras avec la cordialité la plus touchante. Le prince de Condé s'étant aperçu d'un léger embarras que ce jeune prince éprouvait en voyant cette affluence d'officiers, dont la plupart lui étaient inconnus, il lui dit qu'il devait se mettre bien à son aise, se trouvant au milieu de ses amis et de ses serviteurs. Il lui présenta ensuite les états-majors, et des détachements de toutes les compagnies de gentilshommes et officiers des corps soldés. Le Duc ne négligea aucune occasion de dire quelques mots flatteurs à ceux qu'on lui désigna comme ayant été blessés, ou s'étant particulièrement distingués dans la campagne précédente.

Nourri dans les camps, le duc de Berri y contracta ces manières franches et aisées qui faisaient ressortir sa vivacité naturelle et donnaient plus d'éclat à ses excellentes qualités. Un prince qui fait de grandes actions, peut forcer le respect et l'admiration des hommes, mais il n'aura jamais les cœurs s'il n'a point en partage le puissant attrait de la bonté. Quoique personne n'ignore aujourd'hui mille traits admirables d'humanité et de bienfaisance du prince que nous pleurons, nous aimons à le dire, à le répéter, la bonté faisait comme le fond de son cœur. Quelle joie vive et naturelle il ressentait lorsqu'il pouvait accorder quelque grâce ! Aussi jamais chef ne fut plus adoré de ses officiers et de ses soldats, et en même temps aucun ne fut plus sévère pour la discipline. Un jour il lui arriva de reprendre trop vivement un officier de distinction; bientôt, sentant sa faute, le Duc prit à part le gentilhomme, et lui dit : « Monsieur, mon intention n'a point été d'insulter un homme d'honneur; ici je ne suis point un prince, je ne suis, comme vous, qu'un gentilhomme français; si vous exigez une réparation, je suis prêt à vous donner toutes celles que vous pourrez desirer. »

Strict observateur des lois de l'honneur, le duc de Berri exigeait que ses officiers ne laissassent jamais de dettes dans les cantonnements qu'ils devaient quitter, et souvent il s'empressait de partager avec ces braves ce qu'il possédait.

Les événements si long-temps funestes aux Bourbons, forcèrent le duc de Berri, en 1797, de se séparer de ses compagnons d'armes, à la tête desquels il combattait depuis trois ans pour une cause qu'ils défendaient avec tant de gloire. Voulant leur témoigner les regrets qu'il avait de s'en séparer, il leur adresse les adieux les plus touchants; il les félicite de rester sous la conduite d'un Prince que l'Europe admire, et qui lui a servi de guide et de père depuis trois ans qu'il combattait sous ses ordres : « Je vais rejoindre » le roi, dit-il, je ne lui parlerai point de » votre zèle, de votre activité, de votre atta- » chement; il connaît tous ces mérites, et sait » les apprécier; je me bornerai à lui marquer le » vif desir que j'ai, et que j'aurai toujours, de » rejoindre mes braves compagnons d'armes; et » je les prie d'être bien persuadés que, quel- » que distance qui me sépare d'eux, mon cœur » leur sera éternellement attaché. »

Ce langage, dans la bouche du duc de Berri, n'était point de vaines et trompeuses paroles. Jamais prince ne fut plus vrai, plus généreux, plus compâtissant, plus capable de la plus sûre, de la plus tendre amitié.

La guerre ramena bientôt le duc de Berri à

l'armée. L'empereur de Russie lui ayant accordé le régiment de cavalerie noble, il rejoignit le corps le 29 octobre 1798. Après la campagne de 1799, et pendant les négociations de paix de 1800, le Duc alla à Naples pour y conclure son mariage avec une fille du roi des deux Siciles (1).

A la nouvelle de la reprise des hostilités , le duc de Berri partit d'Italie, et fut rejoindre le duc d'Angoulême, pour servir comme volontaire dans le régiment noble à cheval, dont ce prince avait pris le commandement, et auquel il avait donné son nom. Le duc de Berri ne quitta son régiment que le 30 avril 1801 , après le licenciement général de l'armée de Condé.

Bientôt le continent n'offrant plus aux Bourbons un asile assuré contre les armes et contre les embûches de l'usurpateur de leur trône, le Prince se rendit en Angleterre. Il passa plusieurs années à Londres, d'où il faisait de fréquents voyages à Hartwell.

En 1805, le roi de Suède, Gustave-Adolphe , animé du desir de délivrer l'Europe de la tyrannie de Bonaparte, s'était avancé dans le Hanovre. Ce monarque desirant franchement concourir au rétablissement des Bourbons, demanda que le

____

(1) Ce mariage fut rompu depuis.

duc de Berri vînt prendre un commandement dans ses armées. Le Duc, accompagné de son auguste père, se mit aussitôt en route pour le quartier-général du roi de Suède; mais l'évacuation du Hanovre devant les armées de Bonaparte, rendit cette démarche inutile (1).

En 1813, plusieurs agents imprudents ou perfides parvinrent à persuader aux plus zélés partisans du Roi, qu'il serait possible, et dans l'intérêt des princes, de débarquer le duc de Berri sur les côtes de Normandie. Le Prince se livra à ce projet avec toute l'ardeur d'une ame pleine de franchise et de courage. Déjà le vaisseau qui devait le conduire en France était prêt; mais des serviteurs plus prudents qui avaient été envoyés aux îles de Jersey et de Guernesey pour vérifier l'état des choses, se hâtèrent d'avertir le Prince que ce projet, en apparence séduisant, n'était qu'un piége inévitable, et que la police de Paris l'attendait comme une nouvelle victime à offrir au meurtrier du duc d'Enghien.

Cependant le moment approche où le ciel va rendre les Bourbons à la France. Louis XVIII monte sur son trône, et avec lui la justice, la sagesse et la clémence.

Le duc de Berri se trouvait depuis deux mois

______

(1) *Biographie des hommes vivants*, tom. Ier., pag. 310.

à Jersey. Il monta le 12 avril sur le navire l'*Eurotas*, et débarqua le lendemain au port de Cherbourg.

Ecoutez quelles furent ses premières paroles en mettant le pied sur le sol de la patrie. « Chère France ! s'écria-t-il en versant des larmes, en te revoyant mon cœur est plein des plus doux sentiments. » Puis s'adressant aux officiers de terre et de mer qui l'entouraient en le félicitant, il ajouta : « Messieurs, nous n'apportons que l'oubli du passé, la paix et le desir du bonheur des Français. » Le lendemain le Duc se rendit à Bayeux ; trop fortement ému par les témoignages d'amour qu'il recevait, l'heureux Prince ne répondait aux acclamations du peuple, que ces mots : *Vivent les bons Normands !*

Parmi les personnes qu'on lui présenta, il s'en trouvait une qui avait autrefois servi sous ses ordres : « Serais-je assez heureux, lui dit M. de S***, pour être reconnu de Votre Altesse Royale ? — Si je vous reconnais !...» et, s'approchant de lui en écartant ses cheveux, le Duc ajouta : « Ne portez-vous pas sur le front la cicatrice honorable d'une blessure que vous avez reçue à la bataille de*** ?» C'est ainsi qu'on subjugue les cœurs ! seule conquête qui reste à faire à ceux à qui la fortune et la naissance ont tout donné.

Le Duc voulut ensuite se promener à pied. Voyez-vous ce Prince, ravi de presser le sol français, seul au milieu du peuple qui se serre autour de lui, et recueille ses précieuses paroles qui peignent si bien le fond de son ame : *On n'est heureux qu'au milieu des siens !* Jusqu'ici le Duc n'avait vu que des Français dont les cœurs volaient au-devant de lui ; mais bientôt il apprend qu'il y a dans les environs de Bayeux un régiment dont les soldats étaient encore égarés par les suggestions des partisans de Bonaparte. Sans hésiter, il prend au moment même, et malgré toutes les représentations qu'on peut lui faire, la résolution d'aller conquérir cette troupe à la bonne cause. Arrivé à quelque distance des troupes, le Duc envoie prier le commandant de lui prêter ses chevaux, parce que les siens sont fatigués. Cet officier s'empresse d'obéir, et croit devoir aller lui-même au-devant du Prince. Le Duc lui parla avec sa bonté et sa franchise accoutumées ; ensuite, avec cette confiance qui est toujours le partage des cœurs nobles et généreux, il se rend auprès du régiment. « Braves soldats ! leur dit-il, je suis le Duc de Berri. Vous êtes le premier régiment français que je rencontre ; je suis heureux de me trouver au milieu de vous. Je viens, au nom du Roi mon oncle, recevoir votre serment de fidélité. Jurons ensemble, et crions : *Vive le Roi !* » Les soldats répondent avec enthousiasme à cet appel. Une seule voix fait entendre le cri de *vive l'Empereur!* « Ce n'est rien, dit le Prince en souriant; c'est le reste d'une vieille habitude : répétons encore une fois : *Vive le Roi !* » Pour cette fois il y eut unanimité, et sur-le-champ la cocarde blanche fut arborée. Les officiers entourèrent ensuite le Prince, et lui demandèrent la grâce de porter le nom de régiment de Berri. « J'en ferai la demande à Sa Majesté, répondit le Duc, et je serai flatté d'être le chef d'un corps dévoué à l'honneur et au Roi. »

Deux jours après le Duc de Berri arriva à Caen, où il publia la proclamation suivante :

« Français, le voilà donc arrivé ce jour de bonheur et de gloire si long-temps desiré! De tous côtés des points de ralliement sont offerts à votre courage, et un point d'appui à vos malheurs : votre bon Roi est proclamé dans sa capitale. Le drapeau blanc flotte à Paris et dans plus de la moitié du royaume. Je viens le déployer dans ces provinces, dont le nom et l'héroïque fidélité illustreront à jamais les fastes de la monarchie. C'est un Bourbon, c'est le neveu de votre Roi qui vient se joindre à vous, et vous aider à briser vos fers. Braves habitants des provinces de l'Ouest! que votre dévouement, toujours à l'épreuve des revers, se ranime aujourd'hui par l'espérance! De toutes parts la tyrannie succombe; de toutes parts les enfants de Saint-Louis viennent réclamer ses droits, dont le premier et le plus cher fut toujours celui de vous rendre heureux. Je vous annonce l'arrivée de votre Roi! je viens être l'organe de ses promesses. Plus de guerres! plus de conscriptions! plus d'impôts arbitraires!... Français! telles sont les intentions de votre Roi! c'est un père qui vient retrouver ses enfants : l'avenir qu'il vous destine est un avenir de bonheur, le retour de la paix ; et la douceur du gouvernement légitime et paternel. *Vive le Roi !* »

Le Duc signala son séjour à Caen en faisant mettre en liberté plusieurs prisonniers, détenus depuis deux ans pour une prétendue révolte occasionnée par la disette. Le lendemain on donna au théâtre *la Partie de chasse de Henri IV* : le Duc y assista. Le maire de la ville eut l'heureuse idée de faire venir ces pauvres gens sur la scène : au lever de la toile on les vit à genoux avec leurs femmes et leurs enfants, levant leurs bras vers le Prince en le bénissant.

Les habitants de Rouen firent éclater les plus vifs transports à l'arrivée du Duc. Il fit son entrée dans la ville à dix heures du soir ; et le lendemain, après avoir visité plusieurs manufactures, il passa la revue des troupes ; mais c'est à

Paris que l'attendaient les plus vives, les plus douces émotions !

« Messieurs, répondit-il aux félicitations du corps municipal et des chefs de l'armée qui étaient venus le recevoir à la barrière de Clichy, mon cœur est trop ému pour exprimer tous les sentiments qui m'agitent en me voyant au milieu des Français et de cette bonne ville de Paris, entouré de la gloire de la France. Nous y venons apporter le bonheur : ce sera notre occupation constante jusqu'à notre dernier soupir. Nos cœurs n'ont jamais cessé d'être Français, et sont pleins de ces sentiments généreux qui sont le caractère distinctif de notre brave et loyale nation. *Vivent les Français !* »

Mais quelles couleurs assez vives pourraient peindre les transports de joie du Prince, lorsqu'à son arrivée au palais de ses aïeux il se trouva dans les bras de S. A. R. Monsieur, dont il était séparé depuis plusieurs mois. Après ces premiers moments, donnés aux sentiments de la nature, il se tourna avec vivacité vers les maréchaux qui l'entouraient, et dit en les embrassant fortement : « Permettez que je vous fasse partager tous mes sentiments. » Puis il se précipita de nouveau dans les bras de son auguste père.

Nommé colonel-général des chasseurs et des lanciers, on remarqua que, par une disposition du ministre de la guerre, le régiment de dragons de l'impératrice prit le nom de Berri.

De tout temps l'art le plus fatal à l'humanité a toujours été considéré comme le premier de tous, parce qu'il est le plus brillant et le plus habile. Le duc de Berri adorait la gloire militaire; c'étaient ses premières, ses plus chères inclinations. Il avait les manières et le langage qui plaisent aux soldats, et sans cesse il lui échappait de ces mots qui portent l'enthousiasme dans leurs cœurs : « Nous commençons à nous connaître, dit-il un jour au général Maison; quand nous aurons fait quelques campagnes ensemble nous nous connaîtrons encore mieux. »

Passant un jour en revue un régiment de cavalerie, quelques soldats témoignèrent avec franchise, en sa présence, un peu de regrets de ne plus combattre sous Bonaparte. « Que faisait-il donc de si merveilleux, leur demanda le Duc? — Il nous menait à la victoire, répondirent les soldats. — Je le crois bien, répliqua vivement le Prince, c'était bien difficile avec des hommes tels que vous! »

Trois mois après son arrivée à Paris, le duc de Berri voulant se rendre aux vœux qu'on lui exprimait de toutes parts, partit pour parcourir plusieurs départements; Cambrai, Bouchain, Valenciennes, Lille, les places de l'Alsace, de la Lorraine, de la Franche-Comté, furent successivement visitées par lui, et partout il s'attacha à gagner le cœur du soldat; mais ce n'était point là ce que voulaient les ennemis de la France et des Bourbons. Les partisans de l'usurpateur voyant l'heureux ascendant que prenait sur les troupes un prince aussi sensible que valeureux, imaginèrent avec une insigne noirceur d'envelopper, pour ainsi dire, sa personne auguste dans un système de diffamations impudentes. Nous sommes assurément bien éloigné de vouloir justifier les emportements auxquels se livrait quelquefois Mgr. le duc de Berri; mais

> Quel homme est sans défaut, et quel roi sans faiblesse !

Et ce Prince n'a-t-il pas prouvé dans mille circonstances que cette violence, qui dominait dans son caractère, n'est nullement incompatible avec la bonté et les qualités héroïques. Henri IV avait les mêmes dispositions; mais il eut le bonheur d'être élevé par sa mère. Jeanne d'Albret sut adoucir son caractère sans l'amollir; et dèslors cette humeur vive et emportée ne se montrait plus que par les saillies les plus spirituelles et les plus impétueuses.

Les blessures que la guerre et un aveugle despotisme avaient faites à la France n'étaient point fermées encore lorsque Bonaparte, par son retour , la précipita dans un abîme de maux incalculables.

Au premier avis du débarquement de l'usurpateur, le Roi désigna le duc de Berri pour aller commander les forces réunies en Franche-Comté. Est-ce la perfidie ou l'ignorance qui insinua que la présence du Duc serait plus utile à Paris ? Malheureusement les raisons spécieuses qu'on allégua prévalurent ; le maréchal Ney fut envoyé en Franche-Comté , et on confia au duc de Berri le commandement des corps réunis à Paris et dans les environs.

C'est alors qu'on connut dans toute son étendue le plan infernal des conspirateurs ; ils avaient fait de braves militaires les instruments aveugles de leur trahison. Ah ! si leurs yeux avaient pu s'ouvrir, la France était sauvée , et le parti le plus juste eût été le plus fort.

Le 8 mars le duc de Berri se rendit à l'École militaire, et de là à la caserne de Babylone ; mais les troupes l'accueillirent froidement. La plus grande partie de l'armée s'étant déjà jetée dans les bras de l'usurpateur, S. A. R. quitta la capitale dans la nuit du 19 au 20 mars , ainsi que Monsieur, à la tête de la maison du Roi. On marcha toute la nuit et toute la journée du 20 presque sans s'arrêter. En arrivant à Abbeville , les princes apprirent l'entrée du Roi à Lille. Un officier de cuirassiers, qui se trouvait sur le passage du duc de Berri, eut l'insolence de crier *vive l'empereur !* Les officiers de la maison du Roi voulaient faire justice de ce misérable ; mais le Duc s'opposa à cet acte de vengeance. Lorsque le duc de Berri entra dans la ville de Béthune à la tête de quatre mille braves et fidèles Français, il y trouva trois cents soldats qui s'étaient hautement prononcés en faveur de Bonaparte ; cette poignée d'hommes fut investie de tous côtés par les troupes du Duc : dans l'excès de leur délire, ils criaient encore en désespérés *vive l'empereur !* On eût pu les tuer jusqu'au dernier ; mais la cause royale n'en eût tiré aucun avantage ; ce n'eût été qu'un acte de vengeance, et un Bourbon né peut pas se venger sur des Français. Mgr. le duc de Berri s'élance seul au milieu de ces trois cents hommes, et il leur propose de crier *vive le Roi !* mais après s'être consumé en vains efforts, il leur dit : « Vous voyez bien que nous pourrions vous » exterminer ; vivez tous, malheureux, et dispa- » raissez. » Un d'eux se mit à crier, *vive l'empereur et le duc de Berri !* et les autres répétèrent ce cri, tout-à-la-fois de révolte et de reconnaissance. En sortant de Béthune, le Duc fut poursuivi par deux cents lanciers ; il eût été facile de les attaquer et de les écraser ; mais ce prince s'y opposa toujours.

Le 28 mars, S. A. R. rejoignit le Roi à Gand, et s'établit à Alost, où se trouvait la partie de la maison militaire du Roi qui avait pu suivre les princes au-delà des frontières (1).

Entouré de cette fidèle jeunesse, le Duc la regarda comme sa famille. Bon, accessible, familier même avec le simple soldat, cet excellent Prince daignait entrer dans le détail de leurs besoins, de leurs plaisirs; il soulageait les uns, il était souvent témoin des autres.

Cependant les grands événements qui allaient rouvrir au Duc le chemin de sa patrie, approchaient. Bonaparte avait bien réussi à aveugler l'armée, mais il n'avait point rallié la nation : aussi la lutte ne dura qu'un instant, et une seule bataille mit fin à la guerre. La France n'ignorait point, que triompher des puissances étrangères, eût été repousser le Roi et la liberté, et elle ne voulait plus ni illégitimité ni asservissement.

L'armée royale, au milieu de laquelle le Roi rentra en France, se mit en marche sous les ordres du duc de Berri le 21 juin. Le 8 juillet suivant, au moment de quitter St.-Denis, le Duc vint témoigner à tous les officiers de la maison du Roi combien il avait été satisfait de leur dé-

---

(1) A quatre lieues de Gand.

vouement et de leur bonne conduite. Il ajouta ensuite au nom du Roi : « L'intention formelle de S. M. est de recueillir sans provocation d'aucune espèce l'expression libre du vœu général des Parisiens ; gardez un silence absolu, Messieurs, lors même que les cris expirants de la révolte ou quelques débris du signe de rébellion viendraient exciter votre indignation. » Tout le monde admira l'exactitude avec laquelle cet ordre fut rempli.

Nommé par le Roi président du collége électoral du département du Nord, le duc de Berri se rendit au mois d'août suivant à Lille. Le peuple le reçut au bruit des acclamations les plus vives, et avec des transports de joie impossible à exprimer. Le Prince en fut si touché, que ses yeux se remplirent de larmes, en disant : *Bon Lillois, combien je vous aime !* Répondant ensuite au discours que lui adressa le préfet du département, il ajouta : « Le Roi et la patrie sont » inséparables, et l'amour unit le Roi à ses peu- » ples par une chaîne indissoluble : qui pour- » rait rompre cette chaîne, dont le département » du Nord et la ville de Lille forment le plus » solide anneau ? »

Rien de plus noble, de plus simple, de plus touchant que le discours du Duc en présidant la première séance du collége électoral : « Le plus

» aimé de vos rois, dit-il, Henri IV, après de
» longues guerres intestines, rassembla les no-
» tables de son royaume à Rouen, et leur de-
» manda des conseils : ainsi que lui, le Roi, mon
» auguste seigneur et oncle, d'après la consti-
» tution qu'il a lui-même donnée à son peuple,
» s'adresse en ce moment à vous, et me nomme
» particulièrement pour être son organe auprès
» du département du Nord. Je ne parlerai point
» de leur fidélité aux habitants d'un pays, ber-
» ceau de la monarchie; je ne remercierai point
» de son dévouement ce peuple qui rappelle si
» bien ces Francs généreux et guerriers dont il
» est descendu le premier; je me bornerai à vous
» dire, Messieurs, que le Roi, après vingt-six
» ans de troubles et de malheurs, a besoin d'in-
» terroger le cœur de ses sujets, dont il juge d'a-
» près le sien. Ne pouvant réunir autour de lui
» tous les Français, dont il est, vous le savez,
» bien moins encore le monarque que le père, il
» vous demande de lui adresser, non ceux de
» vous qui l'aiment davantage, ce choix serait
» impossible, vous y voleriez tous, mais ceux
» qui, dignes interprètes de votre pensée, por-
» teront au pied de son trône cet oubli du passé,
» cette connaissance du présent, ce coup-d'œil
» dans l'avenir, ce respect pour la Charte cons-
» titutionnelle, cet amour pour sa personne sa-

» crée, enfin cette abnégation de soi-même qui
» seule peut assurer le bonheur de tous. »

De retour à Paris, le duc de Berri assista à la
séance royale de la session de 1815, et jura avec
tous les princes de sa maison de maintenir la
Charte constitutionnelle.

Ce fut dans les premiers mois de l'année suivante que le mariage du duc de Berri avec la
princesse Marie-Caroline-Thérèse, fille aînée du
prince royal des Deux-Siciles, fut arrêté. Le Duc
reçut dans cette occasion d'éclatants témoignages
de respect et d'amour de la part des Français;
ils célébrèrent cette union comme une fête de
famille.

Les ministres proposèrent aux Chambres de
fixer à un million la somme que cet événement
devait faire ajouter à l'apanage de Mgr. le duc de
Berri ; mais la Chambre des députés porta cette
somme à quinze cent mille francs par un mouve-
ment spontané. Le Prince répondit dignement à
cet acte de générosité nationale, en prenant sur-le-
champ la résolution de consacrer cet excédant de
cinq cent mille francs, au soulagement des départements qui avaient le plus souffert de la
guerre.

Enchanté des grâces et des vertus de sa jeune
épouse, le duc de Berri était surtout touché des
sentiments qu'il lui inspirait. Le double charme

de l'amour et de l'innocence parla puissamment à son cœur, et bientôt la tendre espérance de voir naître un noble enfant héritier de son nom et de son rang, mit le comble à sa tendresse et à sa félicité.

Déçu deux fois dans une si douce attente, la naissance de Mademoiselle venait enfin de remplir en partie les vœux du Duc, vœux que toute la France partageait, lorsque ce Prince infortuné est tombé sous le fer homicide d'un obscur assassin.

Comment raconter cet événement effroyable ? Comment retracer tant d'horreurs, de vertus sublimes, de grandeur d'ame ! Si les expressions manquent, si les paroles ne répondent point à un sujet si terrible et si touchant, les faits parleront si haut qu'ils suffiront pour remplir toutes les ames de douleur et d'épouvante.

Le dimanche, 13 février 1820, le duc et la duchesse de Berri se rendirent à l'Opéra à huit heures. En descendant de son carrosse, le Duc demanda tout haut sa voiture pour onze heures (1). Quelques minutes avant la fin du ballet,

____

(1) Ce malheureux Prince fixa ainsi lui-même l'heure où il devait être frappé. L'exécrable assassin, caché dans l'ombre, entendit cet ordre, et employa ces trois heures à se préparer pour exécuter son épouvantable crime.

Mme. la duchesse de Berri témoigna le desir de se retirer. Le Duc l'accompagna jusqu'à sa voiture, lui donna la main pour y monter; mais ayant le projet de rentrer à l'Opéra pour voir la fin du spectacle, il ordonna à un valet de pied de fermer la portière du carrosse.

Cependant un homme, que personne n'avait remarqué, suivait avec des regards féroces les mouvements du Prince, qui dit en souriant: *Adieu Caroline, nous nous reverrons bientôt;* fait de la main un signe d'adieu à la Duchesse, et se dispose à rentrer dans la salle : mais dans l'instant même un homme s'élance sur lui, et, le saisissant fortement par l'épaule gauche, lui porte le coup le plus assuré qui soit jamais parti de la main d'un assassin. Dieu! vous abandonnez, vous livrez à l'affreuse main de ce monstre cette glorieuse victime! Est-ce à une haine, à une vengeance particulière qu'on l'a immolée? Non, car le meurtrier a déclaré n'avoir eu jamais aucun rapport avec le Prince : c'est donc pour un abus de pouvoir? pour des actes arbitraires et tyranniques? Mais le duc de Berri n'a jamais régné; il a toujours été étranger aux mesures du Gouvernement, sur lequel il n'exerçait aucune influence. Hélas! son seul crime sont ses droits au trône! Droits éloignés, droits involontaires, comment avez-vous pu inspirer tant de haine! Cela est inouï, incompréhensible!...

L'assassin s'était précipité sur le Duc avec une telle promptitude, une dextérité si incroyable, que MM. les comtes de Ménard, de Choiseul et de Clermont, qui entouraient le Prince, ne purent s'opposer à la consommation du crime.

« Ah! je suis blessé, je suis assassiné, » s'écrie le Duc en chancelant. La Princesse, qui ne croit point encore que le coup est mortel, s'était élancée hors de sa voiture, et, soutenant de ses faibles bras son époux, elle lui crie d'une voix douloureuse : « Charles ! Charles ! mon ami, prends courage... ce n'est rien. » Mais dans l'instant elle voit le sang couler en abondance et rejaillir jusque sur elle.

On avait fait asseoir le Duc sur une banquette; une pâleur mortelle couvrait son visage; une sueur froide découlait de son front. La tête appuyée sur le sein de la Duchesse, l'oppression qu'il éprouvait augmentait à chaque instant; le pouls était faible; le Prince était déjà mourant.

Cependant on transporte Mgr. le duc de Berri dans un petit salon attenant à sa loge, et on dresse à la hâte un lit de sangle. Les premiers secours de l'art lui furent donnés par MM. Blancheton et Drogart. Ils apportent un faible adoucissement aux douleurs du Duc, qui dit : *Je suis perdu, vos efforts sont inutiles, le poignard est entré tout entier. Ma fille et M. l'évêque d'A-miclée !* »

Il est minuit. MONSIEUR, MADAME et son auguste époux sont déjà à genoux auprès du lit de l'infortuné Prince.

M. Bougon, chirurgien de MONSIEUR, est introduit. Il examine la plaie et applique sa bouche sur la blessure, afin d'attirer par la succion le sang en dehors : *Que faites - vous ?* dit le Prince en le repoussant, *la blessure est peut-être empoisonnée* (1) *!*

De nouvelles saignées diminuant un peu l'étouffement, le Duc profite de ce moment pour entretenir l'évêque de Chartres, et fait supplier Sa Majesté de se rendre auprès de lui.

A une heure, M. Dupuytren est annoncé. En voyant cet homme célèbre, MONSIEUR paraît se ranimer un peu : *C'est un fils qui m'est bien cher,* lui dit-il, *je l'abandonne à vos soins.*

M. Dupuytren sonde la blessure, et ne cache point à MONSIEUR qu'il n'existe plus qu'un seul moyen (moyen dont il ne peut garantir le succès).

---

(1) Mgr. le duc d'Angoulême, en arrivant, s'était élancé sur le corps de son infortuné frère, et baisa plusieurs fois la plaie qu'il ignorait alors n'être pas empoisonnée.

3

Il propose d'élargir la plaie pour donner au sang une plus prompte issue. MONSIEUR, pénétré de douleur, répond : « Je me fie à votre zèle et à vos talents. — Et à nos cœurs, ajouta M. Dupuytren. »

Pendant la douloureuse opération, le duc de Berri répète plusieurs fois à M. Dupuytren : « Je suis bien touché de vos efforts, mais ils sont superflus : ma blessure est mortelle. »

Cependant, après les moyens qu'on vient d'employer, la respiration est un peu moins gênée, le Prince parle avec facilité ; il répète sans cesse : « Le Roi n'arrive donc pas, je n'aurai pas le temps de solliciter la grâce de l'homme qui m'a frappé !... »

Croyant qu'il serait privé de cette consolation, il tourne de nouveau toutes ses pensées vers la religion, il pardonne à son meurtrier, et à haute voix, en présence de sa famille et d'une foule de grands fonctionnaires et d'officiers-généraux qui étaient venus mêler leurs larmes à celles de la famille royale, il confesse les fautes dont il se reconnaissait coupable. Il fit cet acte religieux avec autant de simplicité que de résignation, et il demanda pardon à Dieu de ses offenses, et aux hommes de ses actions qui auraient pu les scandaliser.

Après avoir satisfait à ce devoir important et

sacré, le Duc crut pouvoir s'occuper plus particulièrement des objets de ses plus chères affections. On avait apporté sa fille, il bénit l'enfant royal, et levant avec beaucoup de peine ses mains défaillantes sur la tête de MADEMOISELLE : « Pauvre enfant! dit-il, je souhaite que tu sois » moins malheureuse que ceux de ma famille!... »

Mais qui pourrait peindre la douleur de l'infortunée Duchesse!..... Le Prince la regardant avec attendrissement, la conjure de se ménager *pour l'enfant qu'elle portait dans son sein!*

La Providence vient donc à notre secours!... L'arbre n'a point été coupé dans la racine; nous verrons éclore ce jeune lis, ce noble rejeton de tant de monarques; et puisque Dieu a permis qu'il échappe à ce coup de foudre, il le fera naître pour faire la consolation de sa mère, en attendant qu'il fasse sa félicité et la nôtre. Anges du ciel, protégez ce précieux enfant, gardez, rangez-vous autour de ce berceau qui contiendra la destinée de la France.

Le Duc exprima alors à la meilleure, à la plus tendre des épouses le vœu d'embrasser avant de mourir deux jeunes filles nées en Angleterre, qui lui sont bien chères...... « Où sont-elles? s'écrie » la Princesse; qu'elles viennent, je serai leur » mère! » Dès qu'elles paraissent, la Duchesse va les prendre par la main, les fait approcher du

lit, et s'écrie en suffoquant de pleurs : « Charles!
» Charles ! j'ai trois enfants à présent ! »

Les jeunes filles se mettent à genoux, les pleurs
inondent leur visage : « Soyez toujours fidèles
» à la vertu, leur dit le Prince. » Ensuite il leur
adresse quelques mots en anglais; mais il est sai-
si tout-à-coup de vives douleurs nerveuses; on
éloigne les enfants, et les symptômes les plus si-
nistres annoncent que le moment fatal approche.

Au milieu des égarements où les passions ont
pu entraîner Mgr. le duc de Berry, on sait qu'il a
toujours respecté la sainteté du mariage, jamais
aucun bonheur domestique n'a été troublé par
lui ; cependant, à son heure suprême, quelque
crainte l'agite et occupe son esprit : « Pensez-vous,
» mon frère, dit-il, en s'adressant à monseigneur
» le duc d'Angoulême, que le ciel me pardonne
» mes erreurs ?— Comment le Tout-Puissant
» vous priverait-il de sa miséricorde, répond son
» Altesse Royale, en levant les mains vers le
» ciel, puisqu'il fait de vous un martyr?

— Ah! s'écria la Duchesse, je savais bien que
» cette belle ame était née pour le ciel, et qu'elle
» y retournerait. »

Dans d'autres moments, ce digne fils du grand
Henri disait, en se tournant vers M. de La-
tour-Maubourg et le duc de Reggio : « Pour-
» quoi n'ai-je pas trouvé la mort dans les com-

» bats au milieu de vous ! » Ensuite il ajoutait:
« Qu'il est cruel pour moi de mourir de la main
» d'un Français! »

Le Duc fit les adieux les plus touchants à tous
ses aides-de-camp ; il demanda le comte de Nan-
touillet, qui depuis trente ans ne l'avait point
quitté : « Venez, mon vieil ami, lui dit-il, je
» veux vous embrasser avant de mourir. »

Cependant des angoisses inexprimables arra-
chent au Prince quelques plaintes : « Je souf-
» fre horriblement, répéta-t-il plusieurs fois. Ah!
» que la mort arrive lentement !..Chère Caroline,
» ajoute-t-il en cherchant la main de la Princesse,
» pour mourir heureux il faut que je meure dans
» tes bras. »

Le Duc s'affaiblissait davantage de moment
en moment. Il est cinq heures du matin, on annonce le Roi. Ces mots semblent ranimer le Prince;
il retrouve des forces, et le premier usage qu'il en
fait, est pour demander la grâce de son meurtrier. « Grâce, Sire, grâce pour l'homme qui m'a
» frappé. » Et un moment après : « Je vous en
» conjure, Sire, grâce au moins de la vie pour
» l'homme...... — Mon fils, vous survivrez à ce
» cruel événement, répondit le Roi, avec l'ac-
» cent de la plus profonde affliction ; nous en
» reparlerons, la chose est importante, et vaut
» la peine d'être examinée. »

Cependant le Duc tombe dans un état complet d'agonie ; alors les sanglots, les marques du plus affreux désespoir éclatent dans cette triste enceinte. On veut engager le Roi à se retirer : « Je » ne crains point le spectacle de la mort, ré- » pondit le monarque, j'ai un dernier soin à » rendre à mon fils ! » Sa Majesté fait un signe, et on entraîne l'infortunée Duchesse : mais bientôt elle échappe des mains de ses dames, et revient vers son époux. Mais comme on s'aperçoit que le Prince va rendre le dernier soupir, le Roi, avec la plus vive émotion, dit à Madame la duchesse d'Angoulême d'emmener sa malheureuse belle-sœur. Madame, avant d'obéir, se jette à genoux au pied du lit de douleur, et adresse au Prince ces paroles sublimes : « Mon frère, si Dieu » vous appelle à lui, dites à mon père qu'il prie » pour la France et pour nous. »

Le Duc respirait encore ; on croit remarquer qu'il veut parler ; le docteur Blancheton le soulève un peu. « O France !..... malheureuse patrie !... » sont les seuls mots qu'il puisse prononcer.

M. Dupuytren, pour s'assurer si le Duc respire encore, place la tabatière du Roi sur la bouche du Prince ; cette épreuve ne paraît point suffisante ; il demande un miroir ; mais avant qu'on puisse en faire usage, Madame la duchesse

de Berri rentre : « Oh ! laissez-moi, laissez-moi,
» dit-elle à ceux qui veulent la retenir, je veux le
» voir ; il est à moi ! Laissez-moi, je l'ordonne !...»
Elle repousse tout ce qui l'entoure , se précipite
à genoux devant le lit du Duc , saisit une de ses
mains. Grand Dieu ! cette main est glacée !...
« Ah ! Charles n'est plus , dit-elle en poussant
» un cri terrible. » Alors une douleur frénétique
la saisit ; elle se jette sur le corps de son époux ,
l'embrasse et l'arrose de ses larmes. On cherche
à l'arracher à cet affreux spectacle, le Roi lui-
même la conjure de s'éloigner. Tout-à-coup elle
se retourne, tombe aux pieds de Sa Majesté , et
s'écrie, avec des yeux égarés par le plus horrible
désespoir : « Hé bien , oui , je vais suivre V. M. ;
» mais je la supplie de me permettre de partir
» à l'instant avec ma fille pour retourner auprès
» de mon père ; je ne pourrai jamais vivre dans
» un pays où j'ai perdu mon mari par un crime
» si atroce. » En achevant ces mots , elle perdit
l'usage de ses sens ; on profita de ce moment
pour la porter dans sa voiture.

Ce fut alors que le Roi, s'appuyant sur M. Dupuytren , s'approcha du lit, ferma les paupières
de son neveu , et lui dit un dernier adieu.

Arrivée au palais de l'Élysée-Bourbon, Madame la duchesse de Berri, en passant devant
une glace, est frappée du désordre de sa belle

chevelure : « Hélas ! s'écria-t-elle avec l'accent
» de la douleur la plus déchirante, voilà ces
» cheveux que mon pauvre Charles aimait tant!»
Et à l'instant elle les coupa elle-même : « Pre-
» nez-les, dit-elle à madame de Gontaud, vous
» les donnerez un jour à ma fille, en lui disant
» que sa mère les a coupés le jour où son père a
» péri. »

La Duchesse s'était d'abord rendue dans l'appartement du Prince ; mais bientôt elle sent
qu'elle ne peut demeurer plus long-temps dans
un lieu qui lui retrace tant de souvenirs : « Je
» veux aller à Saint - Cloud, dit l'infortunée
» Princesse ; je n'habiterai plus un séjour où je
» fus si heureuse. »

Pendant qu'on fait les préparatifs nécessaires
pour ce voyage, la Princesse passe dans son
propre appartement ; elle le parcourt avec une
espèce d'égarement, s'arrêtant devant des petits
tableaux qui plaisaient au Prince ; elle les ôte,
les replace, donne des ordres, les révoque, veut
embrasser sa fille, et demeure immobile devant
son berceau. Des soupirs continuels sortent de sa
poitrine oppressée. Cet état alarmait vivement
toutes les personnes qui se trouvaient auprès
d'elle ; heureusement une abondance de larmes
vint dissiper toutes les craintes. Bientôt la pieuse
et magnanime Princesse comprit qu'il lui restait

des devoirs à remplir; et un calme religieux succéda aux premiers élans de son désespoir. A sept heures du soir, elle monta en voiture, enveloppée dans un long voile de crêpe noir. Madame l'accompagna, en lui prodiguant les soins de la plus tendre sœur comme de la meilleure amie.

Depuis son malheur, la Duchesse a éloigné de ses yeux tous les ornements convenables à son sexe et à son rang, même ceux qu'elle devait à la tendresse de son époux. Les murs de sa chambre, son lit, ses vêtements, sont empreints des signes de deuil; elle s'est enfermée vivante dans cet espèce de tombeau, triste et dernière conformité qu'elle se plaît à avoir avec le Prince, objet de ses éternels regrets.

Ce qui distinguait particulièrement Mgr. le duc de Berri, était un caractère éminemment français. Sa loyauté, sa franchise, sa gaîté, son courage chevaleresque, lui attiraient une considération personnelle, indépendante de son rang et de sa naissance. Son humeur, tour-à-tour emportée et violente, tendre et généreuse, avait toutes les nuances qui distinguent les ames ardentes et sensibles.

« Non que, pour ce héros, mon ame prévenue
» Prétende à ses défauts fermer toujours ma vue;

» Je ne m'aveugle point, je vois avec douleur

» De ses emportements l'indiscrète chaleur ;

» Je vois que de ses sens l'impétueuse ivresse

» L'abandonne aux excès d'une ardente jeunesse ;

» Et ce torrent fougueux, que j'arrête avec soin,

» Trop souvent me l'arrache et l'emporte trop loin.

» Il est né violent non moins que magnanime... »

En peignant l'impétuosité des passions et la grandeur d'ame du duc de Vendôme, Voltaire semble avoir tracé les qualités brillantes et les défauts de Monseigneur le duc de Berri ; défauts rachetés par tant de vertus et de bienfaisance ! L'adversité forma de bonne heure son esprit à la connaissance des hommes et des affaires ; il parlait et écrivait parfaitement bien.

La Lettre suivante, dont nous pouvons garantir l'authenticité, l'original étant entre nos mains, fut écrite par Monseigneur le duc de Berri, à l'âge de dix-neuf ans.

Blankenbourg, ce 26 décembre 1797.

« Je viens de recevoir, Madame, une nou-
» velle qui m'a fait un bien grand plaisir, puis-
» qu'elle m'assure que je pourrai vous revoir
» bientôt, ainsi que tous mes anciens camarades.
» L'empereur vient de m'accorder le régiment
» de cavalerie noble ; il a voulu ajouter cela à
» toutes les bontés dont il a comblé M. le
» prince de Condé, et je mets beaucoup de prix

» à cette grâce-là : car ce sera toujours un grand
» bonheur pour moi de partager le sort de nos
» malheureux gentilshommes, et d'être à leur
» tête. Je ne doute point, Madame, de la part
» que vous y prendrez, par le regret que vous
» avez bien voulu me témoigner lorsque nous
» nous sommes quittés.

» Vous avez peut-être déjà appris le nouveau
» malheur qui vient augmenter les peines de
» notre malheureux Roi; le directoire a dicté ses
» ordres, et un roi puissant s'empresse de les
» exécuter; il a fait dire au duc de Brunswick de
» faire partir tous les émigrés de ses états; ce
» prince, en s'acquittant de cette triste commis-
» sion, a mis envers le Roi et envers les émigrés
» tous les égards qu'on peut attendre de cœurs
» sensibles et généreux; et sa famille a partagé
» d'une manière bien respectable ses sentiments
» et imité son exemple. Ainsi le Roi va encore
» courir de pays en pays chercher un asile qu'on
» lui refusera partout! Mon frère le suivra; pour
» moi, j'irai à Cuxhaven attendre un bateau
» quel qu'il soit; car pour le brick il a sûrement
» péri, puisqu'il a mis en mer le 28, et qu'il
» n'était pas arrivé le 30.

» Agréez avec bonté, Madame, l'hommage de
» mon respectueux attachement, et croyez au
» bonheur que j'éprouve d'avoir la certitude de

» vous revoir. Oserai-je vous prier de dire mille
» choses à J***. et à V***. ; je connais assez leur
» amitié pour moi , pour vous prier , Madame ,
» de leur faire mon compliment sur mon pro-
» chain retour à l'armée.

» CHARLES FERDINAND. »

Le Duc avait adressé quelques mois auparavant une lettre à la même personne, qui finit ainsi :

» Je me souviens avec plaisir de la manière
» dont nous avons fêté la Sainte-Cécile il y a
» deux ans, à Mulheim, et je vous assure que je
» regrette bien sincèrement de n'être pas à
» même de passer une soirée aussi gaie. Nous
» oublions quelquefois que nous n'étions pas
» chez nous, en n'entendant parler que français,
» en ne voyant que des cocardes blanches. Je
» sens combien il en coûtera à l'armée de quitter
» cette marque de fidélité et de dévouement (1).
» Espérons au moins que c'est le dernier pé-
» riode de nos maux, et que nous pourrons
» bientôt la reprendre pour ne la quitter jamais.
» Vous savez sûrement que le malheureux

---

(1) En passant à la solde de la Russie, l'empereur Paul exigea que le corps de Condé prît la cocarde de son armée.

» Richer-Serizy a été arrêté à Bâle, et livré au
» directoire. Quel bouleversement général de
» morale et d'idées; on ne peut croire à ce qu'on
» voit. »

Jamais prince ne connut mieux tout le prix
du dévouement et de l'amitié; il dut peut-être
cette vertu au malheur; mais ce desir vif et
constant de secourir l'infortune, fut le fruit heureux des premiers mouvements de son cœur.
L'histoire de ses actes nombreux de bienfaisance
est non seulement générale, mais populaire. On
peut aussi aisément en recueillir les principaux
traits dans les ateliers des ouvriers que dans les
salons de la bonne compagnie; nous ne répéte-
rons donc point ce que tout le monde sait, ce
qui est consigné dans tous les journaux, mais
nous citerons des faits que nous n'avons encore
lus dans aucun écrit, et dont nous pouvons garantir la vérité.

Le lieutenant-général comte C. B. mourut il y
a dix-huit mois par suite d'un accident; sa veuve
resta sans fortune, avec une pension de 1500 fr.
Elle s'adresse au Prince qu'elle ne connaît point,
et, sur-le-champ, elle reçoit un secours de
mille francs, et l'assurance d'une pension de
douze cents francs pour élever une jeune fille
et soutenir son fils au service.

Un officier à demi-solde, chargé d'une famille nombreuse, pressé par le besoin, veut se défaire d'un tableau d'un grand maître; il le fait estimer, son prix s'élève à 3,000 francs; mais marchands et amateurs profiteront de sa détresse pour lui offrir moins que la moitié de sa valeur; il s'adresse à un officier de la maison du duc de Berri; le Prince se fait bien expliquer la beauté de l'ouvrage; ensuite il dit : « Voilà les » mille écus, remettez-les à cet officier, et dites- » lui que je ne veux point le priver du plaisir » que doit lui faire un aussi beau tableau. »

Une pauvre femme, âgée et infirme, qui demeure dans le Faubourg Saint-Honoré, était tombée dans une détresse si grande, qu'elle couchait depuis deux ans sur de la paille. Une voisine un peu moins pauvre, mais trop pauvre cependant pour venir à son secours, lui dit : « Adressez-vous au duc de Berri, écrivez-lui; » on dit qu'il est si bon. » Dans une misère si profonde, la vue ne se porte point si haut; l'infortunée rejeta ce conseil, comme chimérique. La voisine a plus de confiance; elle écrit au Duc, et lui fait un tableau naïf et touchant de la situation de sa malheureuse amie; ensuite, se plaçant dans une allée des Champs-Élysées, au moment où elle voit la voiture du Prince, elle lève sa lettre et l'agite en l'air. Un palfrenier vint prendre le placet; le Duc est ému en le lisant ; il ordonne à un de ses gens d'aller prendre des renseignements : ils sont favorables, et aussitôt le Prince envoie 500 francs, et fait espérer d'autres secours pour l'avenir.

Faut-il que nous nous trouvions obligés de descendre des augustes victimes au misérable auteur de leurs maux ?

Louvel (ce n'est qu'avec un sentiment d'horreur que nous traçons le nom de l'assassin), après avoir frappé le Prince, s'échappait en tournant le bâtiment de l'Opéra. Le factionnaire Desbies, voltigeur au 4e régiment, le suit, et crie : *A l'assassin !* Une borne l'arrête, il chancelle, reprend l'équilibre, et continue de suivre Louvel en criant : *Arrête ! arrête !* Des gendarmes et plusieurs militaires du poste le poursuivent aussi ; l'assassin traverse la rue de Richelieu ; un fiacre l'oblige de se détourner, il va échapper par l'arcade Colbert ; mais il rencontre face à face Paulmier, garçon-limonadier ; ils se heurtent : Paulmier met la main sur l'infâme Louvel, et dans le même moment Desbies arrive, et les arrête l'un et l'autre : Paulmier proteste de son innocence : ce n'est pas moi qui suis coupable, s'écrie le monstre ! Le maréchal-de-logis David, qui était arrivé au même moment que Desbies, les arrête tous les deux.

Pendant ce colloque, Desbies assure que Louvel qu'il n'avait point perdu de vue, est le meurtrier.

David confie Louvel et Paulmier aux gendarmes Lavigne et Baland. Lavigne est le premier qui pense à le fouiller, et on trouve sur lui un autre instrument nommé *carrelet*, monté d'un manche de bois blanc.

Interrogé quelques heures après, dans les formes légales, par M. le comte Decazes, voici le précis de cet interrogatoire :

D. Qui vous a porté au crime que vous venez de commettre ?

R. Mes opinions, mes sentiments.

D. Quels sont ces sentiments, ces opinions ?

R. Mes opinions sont que les Bourbons sont des tyrans, et les plus cruels ennemis de la France.

D. Pourquoi, dans cette supposition, vous êtes-vous attaqué de préférence à Mgr. le duc de Berri ?

R. Parce que c'est le prince le plus jeune, et celui destiné à perpétuer cette race ennemie de la France.

D. Avez-vous quelque repentir de votre action ?

R. Aucuns.

D. Avez-vous quelque complice, quelque instigateur ?

R. Aucuns.

D. Si la justice des hommes ne peut vous engager à dire la vérité, songez à la justice de Dieu.

R. Dieu n'est qu'un mot; il n'est jamais venu sur la terre.

Confronté le sur-lendemain de son crime avec le corps de S. A. R. Mgr. le duc de Berri, Louvel, amené près du lit de parade, a répondu qu'il reconnaissait le Prince, sa blessure et le funeste instrument. Un médecin qui lui tâtait le pouls tout le temps qu'a duré cette confrontation, assure qu'il n'a pas varié d'un instant.

FIN.